목수 김홍한 목사의

십자가 묵상1

목수 김홍한 목사의

십자가 묵상 1

지은이	김홍한
초판발행	2019년 1월 21일
초판2쇄	2024년 7월 16일

펴낸이	배용하
책임편집	배용하
디자인	이승호

등록	제364-2008-000013호.
펴낸곳	도서출판 대장간
	www.daejanggan.org
등록한곳	충청남도 논산시 가야곡면 매죽헌로1176번길 8(54
대표전화	(041) 742(1424 전송 (0303) 0959(1424

분류	신앙 | 영성
ISBN	978-89-7071-465-3 03230
CIP제어번호	CIP2018000853

 값 12,000원

목차

목수 김홍한 목사의
십자가 묵상1

십자가를 대하는 바람직한 태도

십자가는 여러 쓸모 면에서 주변에서 여러 소재로 사용된다. 종교적인 상징이 그 중 가장 압도적인 십자가의 쓸모이다. 그래서인지 장신구로서 목에 걸린 십자가나 화려하고 세련된 상품으로서 예배당에 걸린 십자가에 감흥을 느끼지 못한 지 오래다. 그러다가 만난 십자가가 목수 김홍한님의 십자가다. 그것은 흔하게 구할 수 있는 재료이거나 밥 한끼 값이면 살 수 있는 재료를 이리저리 자르고 끼우고 붙이면서 탄생한 나무십자가다. 목수 김홍한이 만든 십자가는 각각 이야기가 있다. 기도가 있고 위로가 있고 예언자의 이야기가 있다.

그렇다. 상징이 아니라 이야기다. 역사가 정형화하고 학습이 굳게 한 사고를 유연하게 하는 그의 이야기는 일단 재미있다. 그런 면에서 얼마 지나지 않아서 사라질 그의 십자가를 사진으로 찍고 책으로 남기는 일은 의미있다. 목수의 성향상 여기저기 나눠주다보면 이 책에 사진으로 남아있는 십자가를 실제로 보기는 쉽지 않을 것이다. 목수 김홍한이 만들고 묵상한 그렇게 다양한 십자가가 우리 시대의 언어로 십자가를 대하는 거룩한 자세라는 점을 짚어두고 싶다.

〈추천의 글 _ 평화누림메노나이트교회 배용하 목사〉

절기

　피라미드와 球⁺를 소재로 만든 십자가다. 구를 표현하는 것이 부담스러워 원으로 표현했다.

　피라미드, 인류문명의 상징이고 인류사회를 구성하는 기본구조다. 피라미드는 매우 안정되어 보인다. 상하 지배구조가 분명하다. 많은 이들이 이러한 피라미드를 우러르며 피라미드의 정점을 추구한다.

　피라미드는 사람이 만들었고 사람의 영광을 나타내는 바벨탑과 같은 것이다. 4천 년을 넘게 마치 영원을 살 것처럼 건재하지만 언젠가는 저 피라미드도 소멸하고 말 것이다.

　하나님께서는 피라미드를 만들지 않으시고 球⁺를 만드셨다. 하나님이 만드신 것은 온통 구다. 태양과 지구가 구다. 온갖 별들이 다 구다. 아마 우주도 구일 것이다. 사과, 배, 수박이 구다. 사람의 머리통도 구다. 세상이 온통 공이기에 사람도 공에 열광한다. 축구공, 농구공, 골프공, 탁구공, 공 하나에 온 세계가 열광한다.

　공은 불안한 것 같지만 공만큼 안정적인 것이 없다. 공은 구르기 쉽기에 불안해 보이지만 공은 결코 넘어지지 않는다. 가장 완벽하게 안정적인 것이 공이다.

　공은 항상 가장 낮은 곳을 향한다. 공은 위, 아래가 없다. 처음과 끝이 한 점이다. 나는 구에서 처음과 끝을 본다. 순간과 영원을 본다. 평등과 평화를 본다.

참 풍요로운 세상이다. 좋은 집에 살고, 좋은 자동차 타고, 맛있는 음식을 배불리 먹고, 좋은 옷 입고 뽐내는 세상이다. 자랑스러운 우리나라가 이제 가난을 벗고 세계 경제대국으로 우뚝 섰다고 뿌듯해한다.

그러나 온갖 물질들이 풍요로울수록 우리의 맘은 더욱 공허하고, 우리의 행복은 더욱 멀리 도망가니 어찌 된 일인가?

풍요로울수록 농민들의 한숨은 깊어간다,
가난하고 외로운 노인들은 죽을 날만 기다린다.
직장인들은 전쟁 같은 경쟁에 피가 마르고,
비정규직 노동자들은 저임금과 고용불안에 잠 못 이룬다.
그런 직장조차도 얻지 못한 젊은이들은 자살을 꿈꾼다.
아내들은 무능한 남편을 성토하기 바쁘고 안과 밖으로 시달린 노동자들은 파업을 계획한다.

거리는 깨끗하고 사람들은 깔끔하고 세련되었지만 실상은 더러운 슬럼가의 거지같은 삶들이다.

빚더미 위에 올려진 거짓 풍요 속에 대중들의 삶은 살얼음판을 걷고 있는데, 소위 지도자라는 이들은 태평가를 부르며 대중의 삶을 외면한다.

언론인들은 사건들을 꿰맞추어 자극적인 이야기들을 만들어내지만 어느덧 진실은 흐려지고 의혹만 불어난다.

군인들은 전쟁 시나리오를 짜고 거기에 맞추어 끊임없이 전쟁

연습을 한다.

학자들은 연구실에 처박혀서 쉬운 말을 어렵고 내용 없게 바꾸느라 여념이 없다.

성직자는 제자를 찾지만, 세상은 그들을 선생으로 인정하지 않은지 오래다.

정치인들은 표를 얻기 위해서는 비굴할 대로 비굴하고 실행할 수 없는 약속을 남발하다가 권력을 얻으면 언제 그랬냐는 듯 시치미 뗀다. 산더미 같은 백성들의 고통은 백성들에게 돌리고 저들은 이미 얻은 권력을 공고히 하는 데에만 혈안이다.

아!, 아무리 노력해도, 아무리 근검절약해도 행복이 먼저 도망해버린 소망 잃은 이들과 천박한 풍요 속에 흥청망청하는 이들이 공존하는 세상이다.

이 세상을 어떻게 표현할까?

풍요 속의 빈곤이다.

모든 물질은 넘쳐나는데 행복이란 단어는 사전에만 존재한다.

이 세상을 어떻게 살까?

나보다 더 부요한 사람들을 보면서 한탄할까?

나보다 더 가난하고 비참한 사람들을 보면서 위로받을까?

나보다 부요한 사람들에 대해서는 분노를, 나보다 가난한 이들에 대해서는 연민을 가질까?

　　　　　　　……

해마다 연말이면, 새해에는 좀 낫겠지.

추운 겨울에는 봄이 되면 좀 낫겠지.

이 고비만 넘기면 좀 나아지겠지.
소박한 행복의 꿈을 꾸어 보지만,
행복은 내가 무슨 원수라도 되는 양 멀리멀리 도망가고,
가난하고 소망 잃은 불쌍한 중생들은
눈물 그렁그렁 하늘만 바라본다.

주님은 언제 오시나?
금방 다시 오신다던 주님은
2천년이 지나도록 소식이 없다.
세상에는 소망이 없다는 것을 익히 알고는 있지만,
우리의 후손들에게는 좀 더 나은 세상을 물려주어야 할 것 아닌가?
살아야 할 이유를 잃고 자살을 계획하는 젊은이들과 늙은이들,
그들에게 살아야 할 이유를 되찾아 주어야 할 것 아닌가?
젊은이들이 연애도 하고 결혼도 하고 새끼도 낳아야 하는 것 아닌가?
어린 것을 먹여 살려야 하는 무능한 가장들,
적어도 제 자식들에게는
"아빠가 다 해줄게"하고 큰소리칠 수 있어야 하는 것 아닌가?
"우리 아빠 최고"라는 소리를 들을 수 있어야 하는 것 아닌가?

오, 주님!
주님의 오심을 기다립니다. 주여 어서 오시옵소서….

십자가와 부활은 기독교의 가장 중요한 사건이다.

이 두 사건은 언뜻 보면 반대의 사건이지만 실상은 하나다. 고난의 십자가 없이는 부활의 영광은 없기 때문이고 부활의 영광이 없는 고난은 해석할 수 없는 비참함이기 때문이다.

그리고 십자가와 부활은 한 분 예수에게서 일어난 사건인가? 예수뿐 아니라 우리 모두에게 해당되는 사건이다.

세상이 온통 십자가와 부활이다. 삶과 죽음의 열쇠가 십자가와 부활이다. 사는 것이 십자가요 죽는 것이 부활이다.

십자가와 부활을 하나로 표현했다. 무덤은 비어있다. 빈 무덤이다. 십자가도 비어있다. 빈 십자가다.

온 세상에

그리스도의

영광을

나타내는

빛의

모습.

사냥을 즐기고 낚시를 즐기는 이들이 한없이 밉다.

성능 좋은 엽총의 총구가 불을 뿜고, 짐승의 몸에 탄환이 박힐 때, 고꾸라진 짐승의 몸에서는 피가 솟구치고 짐승은 고통의 숨을 헐떡거리며 죽어간다. 사냥꾼은 그 모습을 보면서 쾌락의 극치를 느낀다. 낚시의 짜릿한 손맛이라니, 그 손맛이라는 것이 무엇인가? 물고기가 죽음의 몸부림치는 것을 느끼는 것 아닌가?

야! 이 저주받을 사람들아, 차라리 마약을 해라. 차라리 도박을 해라. 차라리 간음을 해라. 어찌하여 생명을 죽이고 그 죽어가는 몸부림을 즐기는가?

노자는 말했다.
"말달려 사냥하는 것은 사람의 마음을 미치게 한다.馳騁畋獵 令人心 發狂 "노자12장

사냥을 즐기고 낚시를 즐기는 이들은 생명을 죽이는 것을 쾌감으로 여기는 미치광이들이다. 사람 사냥이 허락된 상황이라면 사람 사냥의 쾌감은 짐승사냥에 비할 바가 아니다. 아마도 그 쾌감은 몇십 곱절 더 증폭될 수도 있을 것이다.

제주 4.3항쟁 때 학살에 가담한 수많은 이들, 베트남전쟁에서 우리 젊은이들이 저지른 민간인 학살, 5.18 광주에서 일어난 학살극, 그 학살에 가담한 이들은 누구인가? 그들은 본래 그렇게 악해서 그런가? 그럴 수 없다. 그들도 누군가의 사랑스러운 아들이요 사랑하는 오빠요 동생이며 연인들이었다. 그런데 적당한 환경이 주어지자 광기가 발한 것이다. 예수님을 십자가에 못 박은 흉악한 로마 병정들, 그들도 역시 그러한 사람들이었다.

　　나도 가끔 내 안에 도사리고 있는 악마를 본다. 내 딴에는 견고한 철창 속에 그 악마를 가두고 있지만 극한 상황에서는 그 철창문이 저절로 열릴지도 모른다는 불안감이 있다. 그것을 알기에 나는 인간의 원죄를 부인할 수가 없다. 그리고 엉뚱하게도 학살당한 이들보다 학살한 이들에게 마음이 더 간다. 내 맘이 이럴진대 예수님의 마음은 어떠하실까? 그래서 주님은 선한 이보다 악한 이를 더 사랑하시는가 보다.

　　광기에 인간성을 잃은 불쌍한 인간들에 의해서 창에 찔리고 총 맞아 구멍이 뚫렸음에도 불구하고 그럴수록 더욱 연민의 마음이 커지는 주님의 맘.

正刻

벽은 안과 밖을 구별한다.

창과 문은 닫으면 벽이고 열면 들고 날 수 있다.

창과 문은 집을 세상과 구별하고 또 세상과 소통하게 한다.

교회는 세상과 구별되는 곳,

교회가 세상과 같다면 교회일 수 없다.

그러나 교회는 세상 속에 있고 세상을 향해 있고

세상과 통해야 한다.

종교라는 것은 참 신비하다.

산자는 죽겠다고 하는 것이 종교이고 죽을 사람은 살겠다고 달려드는 것이 종교다.

다 내려놓겠다고 하는 것이 종교이고 하늘에 오르겠다고 하는 것이 종교다.

새로운 출발점이 종교이고, 마지막 종착점이 종교다.

고통 없이 종교는 없다.

희생 없이 종교는 없다.

고통과 희생이 없는 것은 종교가 아니라 권력이다.

병 낫겠다고 하고 복 받겠다고 하는 종교는 미신이다.

교회가 지독히도 욕을 먹는 시대에 느끼는 바가 있다. 교회가 과연 우리 사회에서 칭찬 받아야만 하는 걸까? 비난 받으면 안되는 걸까?

칭찬받으려고 하는 종교는 가짜다. 어디 종교뿐일까? 칭찬만 받으려는 정부도 가짜다. 칭찬만 받으려는 삶도 가짜다.

우리의 영원한 선생님 예수!

그분처럼 살면 칭찬받을까? 어림없는 소리다.

칭찬만 받는 교회라면 결코 이 시대의 질곡을 짊어질 수 없다.

역설적이게도 교회는 하수구여야 한다. 이 시대, 이 사회의 온 갖 더러움을 받아들이는 쓰레기장 교회여야 한다. 세상이 그런대 로 깨끗할 수 있는 것은 하수구가 있어서다. 정화조가 있어서다. 온갖 쓰레기를 거부하지 않고 받아들이는 쓰레기장이 있어서다.

하수구를 더럽다고 하지 말라. 하수구는 바로 너의 더러움을 받아들여 더러워진 것이다. 쓰레기장을 더럽다 하지 말라 바로 너의 밑 닦은 것을 받아들인 더러움이다.

교회가 더러운 것은 하수를 받아들여 더러운 것이 아니라 하수 를 더럽다고 거부해서 더럽다. 똥이 더러운 것은 덜 썩어서 더러 운 것처럼 교회가 더러운 것은 안 썩으려고 애써서 그렇다.

교회가 왜 가증스러울까?

마땅히 하수구가 되고 정화조가 되어야 하는데 그것을 회피해 서 가증스럽다. 스스로를 높여서 고상하고자하기 때문에 가증스 럽다. "예수는 창녀와 세리들의 친구였다"고 하면서 교회는 그들을 거부하고 정죄하기 때문이다. 아! 마땅히 천해야 할 교회가 너무 깨끗하고 세련되어서 가증스럽다.

고난을 달게 받겠다고, 스스로 하수구가 되겠다고, 스스로 희생하겠다고, 내가 죽고 그리스도께서 사시게 하겠다고 맘먹고 출발한 목회길인데 어느덧 권력이 되었다. 목사도 먹고 살아야 하니 밥그릇이 중요하고, 또 중요하지만, 투박한 나무 그릇에 만족하겠다고 나선 길인데 어느덧 밥상 위에는 금 그릇이 놓여 있다.

한편 주님의 일을 하면 밥은 먹여 주시겠지 했는데 밀려오는 생활고에 몸도 마음도 영혼까지도 고달프다.

교회개혁하자고 한다.

지금의 이 호사를 누리면서 개혁한다는 것은 사치다.
지금의 안락을 누리면서 개혁한다는 것은 사기다.
고통과 희생의 대가로 칭찬받고자 하는 것은 위선이다.

사랑하는 이만이 비판할 수 있고 개혁할 수도 있다. 진보적인 기독교인들이 한국교회를 개혁할 수 있다. 개혁이란 옛것만 고집하는 고루함을 떨쳐내는 것이다. 보수적인 기독교인들이 개혁할 수 있다. 개혁이란 새로운 것이 아니라 본래의 것을 회복하는 것이다.

한국교회를 사랑하는 이들이여! "나만 그런가? 모두가 그런데…"하고 항변해서는 안 된다. 남들이 똥 싼다고 나도 덩달아 똥 쌀 수는 없지 않은가? 나만이라도 순결하고 성숙한 신앙인이 되자. 교회는 타락한 이들에 의해서 망하는 것이 아니라, 순결하고 성숙한 이들에 의하여 지켜진다.

정죄와 비난으로 핏대를 올리지만 정작 대안은 내놓지 못하는 무책임함으로는 소망이 없다. 당신이 그토록 비난하는 한국교회가 지금의 당신을 있게 하지 않았는가? 누군가가 말했다.

"나는 나를 낳아준 창녀를 아직도 사랑한다."

정죄보다는 연민을, 비판보다는 대안을 찾아보자.
그래야 소망이 있다.

영성

우리 몸의 중심은 머리가 아니다. 심장도 아니다. 아픈 곳, 그 곳에 온몸이 집중한다. 가정의 중심도 그러하다. 아픈 이가 가정의 중심이다. 국가와 사회의 중심도 그러하다. 우리가 돌보아야 할 사회적 약자들이다. 장애인, 실업자, 노약자, 어린이, 가난한 이들, 우리 사회는 그들을 위해서 존재한다.

봉양해야 할 늙으신 부모가 있는 병사는 총을 맞아도 죽지 않는다. 역시 젖먹이가 딸린 어미는 아무리 굶어도 죽지 않는다. 죽을 수 없다. 돌보아야 할 이가 있기 때문이다.

2차 세계대전 때 독일이 전쟁에서 패한 이유가 있다. 그들은 인류의 암적인 존재라고 유대인과 집시들을 죽였다. 게다가 우수한 게르만족의 혈통을 향상시켜야 한다는 이유로 자신들 가운데 장애인, 정신박약자, 동성애자 등도 죽였다. 그래서 망했다. 국가의 중심이라 할 마땅히 돌보아야 할 이들을 버렸다. 돌보고 지켜야 할 이들이 없으니 싸워서 이길 이유도 없다. 그래서 망했다.

맛난 음식을 대접하는 이보다 맛있게 먹어주는 이가 더 고마운 이, 멋진 음악을 연주하는 이보다 경청하는 이가 더 고마운 사람, 가르치는 선생보다 눈 반짝이며 배우는 제자가 참으로 고맙다. 설교하는 목사보다 설교를 잘 들어 주는 성도들이 얼마나 고마운가?

양육하는 부모보다 건강하게 잘 자라주는 자녀들이 있으니 더없이 감사할 일이다.

먹을 이 없는 밥상, 들어 줄이 없는 콘서트, 듣는 이 없는 설교, 제자 없는 석학, 눈먼 딸 하나 없는 늙은이, 참으로 서글픈 모습이다.

십자가 안에 작은 십자가. 마치 어머니 태중에 아기가 있듯이. 마치 부모가 자녀를 소중히 감싸듯이 …. 그러나 실상은 그 작은 십자가가 이 십자가의 중심이다. 작은 십자가가 없으면 이 십자가는 찌그러져 형태를 유지할 수 없다.

깊은 밤 문득
시계 소리만 방안을 진동하는데
그 소리가 참 낯설다.

나 있는 곳은
밤이면 지극히 깊은 적막
밀폐 잘되는 이중문이
멀리 개 짖는 소리도 막는구나.

엊그제,
벗을 만나 나눈
시시콜콜한 이야기가
아직까지도 생각을 흐려놓고 있어
마음을 진정코자 마당에 나가니
하늘이 몹시 시끄럽다.
무수한 별들이
마구 말들을 쏟아 내는데
어찌하여 한마디도 알아들을 수 없는가?
숱한 인간의 언어 속에 살다 보니
자연의 언어에는 귀가 막혔나 보다.

아! 홀로된다는 것,
대부분의 민초들에게 홀로되는 것은 참으로 고통이다.
"이별보다 더 아픈 건 외로움…"이라는 노랫말이 마음에 저린다.

홀로 된다는 것은 깊은 두려움
그러나 외로움이 사무쳐야 그리움이 사무친다.
그리움이 사무칠 때 존재하는 모든 것이 소중하다.

수년 전 나를 잘 아는 지인이
"목사님은 고통을 즐기는 것 같아요" 했는데
어찌 고통을 즐기는 사람이 있을까?
나는 고통을 즐기는 것이 아니라 외로움을 즐긴다.

만남은 삶을 풍요롭게 한다.
그러나 만남이 많은 삶은 얄팍한 삶이다.
많은 사람을 아는 것을 자랑하고,
그 관계 속에 존재감을 느끼는 이들은 홀로설수 없고
홀로서기를 두려워하는 소인배다.

분주한 삶은 가벼운 삶,
학자가 분주하면 학자가 아니다.
고독 속에 학문에 정진할 수 있어야 학자다.
목사가 분주하면 목사가 아니다.
고독 속에 기도하고 명상하고 성서를 묵상할 수 있어야 목사다.

외로움은 삶을 깊게 한다.

"골방에 들어가라"는 말씀은

외로워지라는 말씀이다.

외로워야 별들의 속삭임을 들을 수 있다.

외로워야 곡식이 영그는 소리를 들을 수 있다.

외로워야 죽어가는 짐승의 신음 소리가 들린다.

외로워야 하나님을 만날 수 있다.

외로워야 하기에

초대교회 교부들은 사막으로 갔다.

수도원의 높은 담장 속에 숨었다.

불교의 선승들은 골방에서 면벽했고

유가의 선비들은 愼獨 했다.

예수께서는 때때로 한적한 곳으로 물러가셔서

기도 하셨다.^{눅5장}

그러나,

함부로 외로우려 하지 말라

상대 없는 싸움에 섣불리 덤비다간 미쳐버린다.

"즐거움이 극도에 이르면 슬퍼진다."

사마천의 〈사기 열전〉에서 순우곤이 한 말이다.

"즐거움이 극도에 이르면 슬퍼진다"면 거꾸로 "슬픔도 극도에 이르면 기쁨이 된다"도 가능할까?

아무리 생각해도 그렇지는 않을 것 같다. 슬픔이 극도에 이르면 가슴이 무너지는 고통일 터인데 어찌 기쁨이 될 수 있겠는가? 아마도 슬픔이 극도에 이르면 저절로 하나님을 만날 수 있다고 생각해 본다.

1970년대, 한국기독교운동권에서 많이 불렀던 노래 〈춤의 왕〉이 있다. 고난으로 가득한 예수님의 생애를 춤으로 묘사한 것이 내게는 충격이었다. 그때 그 충격이 남아 있다가 문득 이 십자가를 만들고 〈춤추는 십자가〉라 이름하였다. 그런데 만들고 보니 역시 그 안에 고통이 보인다. 춤추는 것과 고통에 신음하는 것이 겹쳐 보인다.

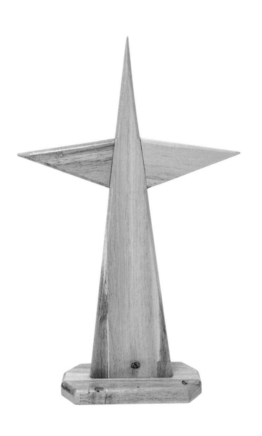

벼룩은 자기 몸의 40배를 뛰어오르고, 파리는 10리 밖의 냄새를 맡으며 벌은 30리 밖을 볼 수 있다. 이런 곤충에 비하면 인간의 능력이란 한없이 초라하다.

인간의 코가 아무리 예민하다 한들 개 코를 따를 것인가? 인간의 힘이 아무리 크다 한들 코끼리의 힘을 당할까? 그러나 인간이 곤충보다 위대하고 짐승보다 위대한 것이 있다면 그것은 하늘에 오르는 것이다. 로켓 타고 오르는 것이 아니다. 생각이 오르고 영혼이 오르는 것이다.

사람으로 태어나 하늘에 오르지 못하면 짐승만도 못하고 곤충만도 못한 것, 하늘로 오르는 것은 과학의 힘이 아니다. 도요새는 과학의 힘이 없이도 아주 높이 오른다. 사람이 올라야 하는 하늘은 영^靈이 오르는 하늘, 그 하늘은 기도^{祈禱}로 오른다. 그러니 기도하지 않는 이는 사람이 아니다.

생명^{生命}이 있는 것은 자란다. 몸이 자라고 지식이 자라고 맘이 자라고 영이 자란다. 때가 되면 몸은 줄고 지식도 흐릿해 지지만 맘과 영은 한없이 자란다. 오히려 몸이 줄수록 맘은 커지고 지식이 흐릿할수록 영은 더욱 높아질 수 있는 것이 사람의 생명이다.
생명은 살라는 하나님의 명령^{命令}, 살아있는 동안 맘을 키우고 영을 키워야 한다. 그렇게 하라고 하나님이 주신 것이 생명이다.

　하늘에 오르는 것이 사람의 궁극적인 소망이다. 권력자의 눈에 들려 하고, 대중의 칭찬을 들으려는 소망은 천박한 소망이다. 오래 살려는 소망, 부자로 살겠다는 소망은 저급한 소망이다. 하늘에 오르지 못한다면 그 모든 것은 부질없는 것이다.

　사람들은 꿈과 소망을 가지라고 하지만 정작 무슨 꿈이고 무슨 소망을 가져야 하는 것에 대해서는 말하지 않는다. 걸러지지 않는 꿈, 정화되지 않는 소망은 없는 것만 못하다. 꿈과 소망은 거듭거듭 걸러지고 정화되고 또 정화되어야 한다. 헛된 꿈과 욕망을 다 제거하고 깨끗하고 순수한 진짜 소망만 남아야 한다.

　믿음이란, 믿을 수 없는 것을 믿는 것.
　소망이란, 소망할 수 없는 것을 소망하는 것.
　사랑이란, 도무지 사랑할 수 없는 것까지도 사랑하는 것.

　아! 세상 사람 모두 똑똑한데 나 홀로 어리석구나.
　나는 믿을 수 없는 것을 믿는 이,
　나는 소망할 수 없는 것을 소망하는 이,
　나는 사랑할 수 없는 것을 사랑하는 이,

그래서 한없이 어리석다.

나는 늘~ 기도한다. 무엇을 기도하느냐고? 그냥 기도한다.
나도 한때는 간절히 바라는 무엇이 있었지만 부질없는 것인 줄
알고 그만두었다.

하늘로 솟아오르는 기도를 십자가에 담았다.

"기도祈禱"는 제단 위에 도끼 올려놓은 것, 제단 위에 목숨 올려놓은 것. "祈"는 "示"시:제단와 "斤"근:도끼의 합자이니 제단 위에 도끼 올려놓는 것이다. "禱"는 "示"와 "壽"수:목숨의 합자이니 제단 위에 목숨 올려놓는 것이다. 기도는 목숨 걸고 하는 것이다.

기도는 "비나리", '간절히 빈다'는 뜻과 '비운다'는 두 가지의 뜻이다. 하나님께는 간절히 비는 수밖에 없고 하나님 앞에서는 나 자신을 비우는 수밖에 없다. 하나님의 뜻을 온전히 받아들이는 빈 그릇의 자세, 하나님 앞에 내 요구는 없다. 온전한 순종만이 전부다.

너무 간절하여 기도하지 않으면 안 될 때는 음식의 맛을 잃는다. 배고픔의 고통보다 더 큰 고통이 있기에 배고픔이 문제 되지 않는다. 예수님께서는 40일 금식을 하셨는데 그것은 배고픔의 고통을 이기신 것이 아니라 40일 동안 너무도 간절하여 배고픔을 잊으신 것이다.

금식기도는 죽을 때 하는 것, 죽을 때가 되면 음식이 넘어가지 않아 저절로 금식하게 된다. 금식해서 몸을 비운다. 비워서 가벼워진 몸으로 하늘을 날아 하나님께 올라가야 한다. 새는 하늘로 오르기 위해 뼛속까지 비운다. 하늘로 오르는 것이 기도다.

기도는 내가 하는 것이 아니다. 하나님께서 하게 하신다. 절체絕體절명絕命의 상태에서 저절로 하는 것이 기도다. 매일 하는 기도는 습관이기가 쉽다. 진짜 기도는 평생에 손꼽을 만큼 하는 것, 야곱이 얍복강 나루에서 한 것과 같은 것이다.

내가 기도하게 하시고, 나와 함께 기도하시는 주님, 나와 주님이 함께 하는 기도를 십자가에 담았다.

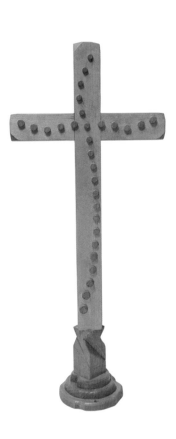

천상병 시인은 그의 시 〈귀천〉에서 이렇게 말했다.

나 하늘로 돌아가리라
아름다운 이 세상 소풍 끝내는 날
가서, 아름다웠더라고 말하리라 ….

시인의 詩心시심이 참 곱다.

詩心시심이 信心신심이다.

하늘로 돌아가려면 마음이 가야 한다. 최고가 되고자 하는 마음, 출세하여 지배자가 되고자 하는 마음, 누군가를 다스리고자 하는 마음은 무거워서 하늘로 돌아가지 못한다.

예수께서 "하나님나라가 가까웠으니 맘을 고쳐먹어라 회개하라, 천국이 가까웠다"고 말씀하셨으니 "고쳐먹은 마음, 회개한 마음"이라야 하늘로 돌아갈 수 있다.

미세한 바람에도 흔들리며 저절로 올라가는 가벼움을 십자가에 담았다. 그리고 우리 기독교인들에게는 십자가야말로 하늘 가는 길이다.

평범한 사람들은 먹고살기 바빠서 명예를 따질 겨를이 없다. 그런데 '좀 잘났다'하는 사람들이 "후세에 아름다운 이름을 길이 남기고 싶다"고 하면서 자기 이름에 집착한다.

우리 속담에 "호랑이는 죽어서 가죽을 남기고 사람은 죽어서 이름을 남긴다"는 말이 있다. 이 속담은 심각한 모순을 가지고 있는 엉터리 말이다. 인간사회에 이러한 속담이 있다는 것을 호랑이가 알면 배꼽을 잡고 웃을 일이다. 호랑이는 가죽을 남기려 살지 않기 때문이다. 오히려 가죽을 남긴 호랑이는 사람에게 포획되어 제명대로 살지 못한 불행한 호랑이다.

이름을 남기려는 삶은 거짓된 삶, 이름이 남고 안 남고는 진리와는 관계가 없는 별개의 것이다.

명예야말로 허상이다. 삶의 부산물로 명예가 얻어진다면 마다할 것 아니지만 일부러 명예를 얻고자 하는 것은 어리석고 가증한 일이다.

사람은 사람답게 살아야 사람이다. 사람이 사람답게 살다 보면 이름은 날 수도 있고 안 날 수도 있다. 이름이 난다는 것은 나와는 관계없는 것이다. 특히 죽은 후에 이름이 나서 후세 사람들이 내 이름을 기억해 준다는 것은 후손들에게 의미 있는 일일 수 있어도 나와는 관계가 없는 일이다.

이름 내려고 사는 이들의 모습은 위선으로 가득 찰 수밖에 없다. 선행은 구실일 뿐이고, 자기 이름을 내는 데에 더 관심이 있다. 오른손이 하는 일을 왼손이 모르게 하여 이름나는 것을 오히려 두려워하고 부끄러워하는 것이 바른 모습이다. 소위 진리를 추구하는 이들조차도 쉽게 넘어가는 유혹이 이름을 남기는 것이다. 살아서 이름이 나기를 원하고 죽어서도 이름을 남긴다면 그것을 최고의 영광으로 안다.

...

'명예를 추구하는 인생은 가짜'라는 것을 십자가에 담았다. '명예로운 십자가'라 한다면 가짜다. 고난의 십자가에 어찌 '명예'라는 수식어를 붙이겠는가? 그래서 이 십자가는 '가짜 십자가'다. 화려하고 멋지지만, 근본부터 타들어 가는 가짜다.

어렸을 때는 모든 것이 새롭다. 그러나 장성하면 할수록 새로울 것이 별로 없어 그게 그거다. 새것을 어느 정도 알게 되면 이제 내가 새로워져야 한다. 내가 새로워질 때 모든 것이 새롭다.

매일 보는 태양도 새롭고 쉼 없이 흐르는 강물도 새롭다. 바울 선생은 "나는 매일 죽노라" 했다. 그 말은 "나는 매일 다시 태어난다"는 말이고 "나는 날로 새롭다"라는 말이다. "日新又日新_{일신} 우일신"이다.

20대까지는 모든 것이 새롭다. 접하는 모든 것이 새로우니 스스로가 새로워질 여유가 없다. 적어도 30세는 되어야 새로워질 수 있다. 내 생각에 종교와 사상은 30세 이후에나 가능하다.

새로워진다는 것은 솟아나는 것, 솟아나게 하는 이가 스승이다. 그러나 아무리 훌륭한 스승이라도 3년 배우면 더 배울 것이 없다. 신비가 사라지기 때문이다. 졸업하고 더 큰 스승을 찾아야 한다.

스승은 제자의 발판, 스승을 딛고 제자는 성장한다. 초등학교 선생은 학생들을 졸업시켜 중학교에 진학시킨다. 대학교 선생도 학생들을 졸업시켜 사회로 보낸다. 선생이 학생들을 붙들어 놓고 졸업시키지 않으면 선생이 아니라 원수다.

때가 되면 제자는 스승을 떠나야 한다. 제자가 떠나지 않으면 스승이 떠나야 한다. 스승을 떠나서 어쩌겠다는 것인가? 하나님을 만나야 한다. 진짜 선생님은 하나님이다. 예수께서는 "선생이라는 소리를 들으려 하지 말라. 선생은 하나님뿐이다."하셨다. "땅에 있는 아버지를 아버지라고 하지 말라. 아버지는 하나님뿐이다" 하셨다. 그리고 끝내는 "내가 떠나가야 성령께서 오신다"며 스스로 제자들을 떠나셨다. 예수 선생님도 그리하셨거늘 하물며 사람 선생님일까?

선생님은 무지와 편견의 껍질을 벗기시고, 부질없는 욕망의 껍질을 깨 주시는 분이다. 선생님의 도움으로 껍질을 깨고 솟아나는 제자의 모습을 십자가로 표현했다.

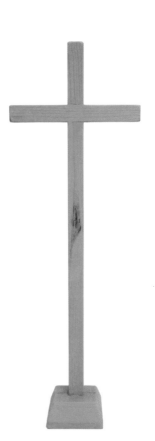

언제나 사람들은 말하기를 "경제가 어렵다"고 한다. 내 기억에 "경제가 좋아졌다"는 말은 거의 들어본 적이 없다. 항상 "작년만 못하다"였다. 그러나 사람들은 예전보다 더 좋은 옷, 더 좋은 자동차, 더 좋은 집에 살고, 외식도 자주 하며, 여가 생활도 더 많이 즐긴다. 이게 도대체 어찌 된 일인가? 경제성장이 우리의 욕망을 따라가지 못하기 때문이다.

대중의 끝없는 물질적 욕망을 채우기란 불가능하다. 그것을 채우려고 하다가는 인간 세상 자체가 망하고 말 것이다. 그러니 욕망을 채우려 하기 보다는 부질없는 욕망을 억제할 수 있어야 한다. 그 역할을 철학이 한다. 문학이 하고 예술이 한다. 그 무엇보다도 종교가 해야 한다.

많은 경우 희망과 욕망은 잘 구별되지 않는다. 나름대로 구별해 본다면 이렇다.

"이루어질 수 있는 것이 욕망이다."
"이루어질 수 없는 것이 희망이다."

욕망은 유한하고 일시적인 것이기에 달성될 수 있고 달성되면 더 큰 욕망을 품게 된다. 반면 희망은 이루어질 수 없기에 영원하다. 마치 북극성이 뱃사람들의 길잡이가 될 수 있는 것은 가도 가도 도달할 수 없는 것과 같다.

희망의 우리말이 "꿈"이다. 꿈은 하나님이 꾸어주셔서 꿈이다. "꿈"은 "꾸어옴"의 준말, 하나님으로부터 꾸어온 꿈, 하나님이 꾸어주신 꿈이 진짜 꿈이다. 자다가 꾸는 꿈도 꿈은 꿈이되 그 꿈은 "꾸물꾸물"의 준말이다. 꾸물꾸물하다가 제 할 일 다 하지 못하고 남겨놓은 일을 꿈속에서 해결하려고 전전긍긍하는 것이 꿈이다. 그래서 참사람은 ^{자면서 꾸는}꿈을 꾸지 않는다. 〈장자〉에 이르기를 "옛날의 眞人_{진인}은 꿈도 꾸지 않는다"_{古之眞人, 其寢不夢}는 말이 이 말인가 싶다.

사람들은 자신이 욕망을 따라 산다는 것을 잘 모른다. 입으로는 원칙을 말하고 입으로는 옳은 것을 말하지만 몸은 욕망을 따라간다. 자신도 모르게 그렇게 된다. 그것을 겉과 속이 다르다고 한다. 그런데 겉과 속이 같은 사람이 있을까? 정도의 차이는 있겠지만 누구든지 겉과 속은 다르다.

사람을 움직이려면 그의 욕망을 알면 된다. 그도 모르는 그의 욕망, 그것을 자극하면 그는 단박에 반응한다. 이렇게 사람을 움직이는 것이 정치기술이다. 그 정치기술을 자신에게 적용해야 한다. 자신의 욕망을 알아야 한다. 알면 통제할 수 있다. 욕망이 내 밖에 있다면 내 힘으로 되는 것이 아니겠지만 내 안에 있기에 통제할 수 있다.

대부분의 욕망이라는 것은 아름답지 못하고 정의롭지도 못하다. 하나님의 뜻에 합치되지 않는다. 그래서 희망이 아니라 욕망이다. 욕망을 억제하고 희망을 키울 수 있는 것이 祈禱다.

우리들이 하는 대부분의 기도는 안타깝게도 욕망을 채워달라고 하지만, 깊고 진실한 기도는 욕망을 제거한다. 그리고 끝내는 말 없는 기도, 바람이 없는 기도, 감사함조차도 없는 기도가 된다. "근심과 걱정도 기도"라고 하지만 근심과 걱정도 욕망으로 인한 것이라면 그것도 사라진다.

욕망은 인간을 발전시키고 인간사회를 발전시키는 힘이다. 공산주의가 실패한 이유는 욕망의 문제를 간과했기 때문이다. 자본주의가 성공한 이유는 인간의 욕망에 충실했기 때문이겠지만 역시 몰락도 그로 인해서일 것이다.

자유란 부질없는 욕망을 제거하는 것이다. 욕망의 군더더기를 모두 제거한 모습을 십자가에 담고 〈자유의 십자가〉라 이름 지었다.

늘 다니는 길에 오래전에 꺾이고 방치된 나무들이 있다. 그 나무로 십자가를 만들고 싶은 맘이 들었다. 껍질을 벗기니 곰팡이가 슬어있다. 십자가로 만들어지는 나무는 저주받은 나무일까 선택된 영광의 나무일까?

사형 틀로서의 십자가 나무는 저주받은 나무일 것이다. 오늘날 기독교의 상징으로 만들어지는 나무는 선택받은 특별한 나무일 것이다. 비록 잘난 나무가 아니라 버려진 나무라도 그러하다.

하나님께서는 지혜 있는 자들을 부끄럽게 하시려고 어리석은 사람들을 택하셨고 강하다는 자들을 부끄럽게 하시려고 약한 사람들을 택하셨다고 하셨다. 버려진 나무가 십자가가 되었다.

아! 잘난 사람은 목사가 되면 안 된다. 똑똑한 사람도 목사가 되면 안 된다. 잘나고 똑똑한 사람들은 결코 섬기는 삶을 살 수 없다. 틀림없이 걸맞는 대접을 받고자 한다. 오늘날 기독교 목사들이 너무 잘났다. 너무 똑똑하다. 진짜 잘나고 진짜 똑똑한지는 모르겠지만 아무튼 잘나고 똑똑하다. 그리고 너무 당당하다. 그래서 모욕당할 줄을 모른다. 모욕을 견딜 줄도 몰라 작은 모욕에도 크게 당황한다.

버려진 나무로 십자가를 만들면서 나를 돌아본다.

나름대로 진리의 삶을 살고자 성직의 길을 나선 나다. 한 번이라도 제대로 성직자의 모습으로 살고파서 나도 한번 탁발수도를 떠나겠다는 생각을 한 적이 있다.

해 보고자 했는데 내가 과연 탁발의 길을 나설 수 있을까? 이제는 그 꿈을 버려야겠다. 배가 고프지 않다. 진짜 못 먹어서 굶어 죽을 지경이면 저절로 탁발하게 될 것인데 그렇지 못하다. 먹고자 함이 아니라 수도하기 위한 탁발이니 진정한 탁발이 될 수 없다.

거지들이 밥 빌어먹는 것을 "수도"라고 한다면 너무 고상하고 사치스러운 말이다. '품바' 공연 동영상을 보았다. "품바"란 거지들이 동냥하기 위한 공연이다. 당연히 가장 바닥 인생들의 저질 공연이다. 통속, 비속어들이 툭툭 튀어나온다. 성적 농담도 빠지지 않는다. 석가모니 부처님과 프란체스코는 고상하게 빌어먹었을지 모르지만, 진짜 거지들은 천박하게 빌어먹었다. 그나마 노래하고 춤출 재주라도 있는 이라면 천박하게나마 빌어먹었겠지만 그런 재주도 없는 이들은 비굴하게 빌어먹었고 처절하게 빌어먹었다. 아~ 나는 고상하게 빌어먹지도 못하고 비굴하게 처절하게도 빌어먹지 못하겠다.

바람은 흘러간다. 구름도 흘러간다. 물도 흐르고 별도 흐른다. 그런데 나는 어찌 늘 이 자리인고. 나도 이제 흐르는 삶 보다는 지금 이 자리를 고수하는 "늘~ 그러한" 늙은이가 되었나보다.

북은 둥둥 울리고, 바람 솔솔 부는데
빠른 걸음 조용한 모습으로 운치 있게 춤춘다.

인생의 머나먼 길,
걷고 또 걸어 사막을 지나오고,
헤치고 또 헤쳐서 늪에서 벗어났네.

가죽신은 헤어져서 발가락이 드러났지만,
검게 그을린 얼굴에는 지혜가 배어있고,
그윽한 눈에는 인자함이 드러나는구나.
제 멋대로 흐트러진 머리카락이건만 기상이 서렸으니,
인생이 헛된 것만은 아니리라.

이제 인생의 황혼 길에
둥둥 북 울리고 바람 솔솔 부는데 ….

이 십자가를 '거지 십자가'라 할까 하다가, 좀 고상하게 '순례자의 십자가'라 했다. 만들고 보니 거지 밥그릇 같아 보이기도 한다.

천사와 악마를 구별할 수 있는가? 하나님의 뜻과 사탄의 뜻을 구별할 수 있을까? 유감스럽게도 우리는 그것을 구별할 능력이 없다. 악마는 늘 천사의 모습으로 우리에게 다가오기 때문이고 사탄은 우리가 분별할 수 있는 한 가장 합리적이고 매력적인 제안을 해오기 때문이다.

우리의 욕망이 크고 강할수록 사탄의 제안은 거부할 수 없다. 욕망이 있는 곳에 사탄이 있다. 사탄은 사람의 욕망을 먹고 산다.

깊은 자기 성찰이 사탄의 유혹을 물리칠 수 있다. 깊은 자기 성찰로 자신의 꿈과 희망의 상당 부분이 욕망이라는 것을 알게 될 때 사람은 비로소 욕망으로부터 자유 할 수 있다. 욕망에서 자유하면 사탄의 유혹에 넘어가지 않는다. 깊은 자기 성찰이 바로 기도다.

욕망을 채워 달라는 기도는 사탄을 부르는 소리다. 그 소리에는 하나님이 응답하지 않으시고 사탄이 응답한다. "욕망을 채워 줄 테니 영혼을 내 놓으라"고 한다. 아시는가? 소위 크게 성공한 이들은 대부분 그의 영혼을 사탄에게 저당 잡힌 자라는 것을....

오래전에 이 우화를 썼다. … 그리고 이 이야기를 십자가에 담았다.

〈뾰족한 돌 이야기〉

옛날, 숲속 동물나라에 오솔길이 있었어요. 그 오솔길은 아주 평평하고 편안한 길이었어요. 그런데 길 한가운데에 뾰족한 돌이 하나 솟아올라 있었지요. 동물들은 편안하게 길을 가다가 그 돌에 걸려서 넘어지곤 했습니다.

어느 날, 성질 급한 멧돼지가 그 길을 가다가 걸려서 넘어졌어요. 멧돼지는 화가 나서 그 돌을 힘껏 걷어 찼지요. 자기 발만 더 아팠어요. 멧돼지는 투덜거리며 지나갔답니다. 어느 날, 토끼가 깡충깡충 뛰어서 길을 가다가 그 돌에 그만 코를 찧고 말았어요. 토끼는 너무 아파서 엉엉 울면서 집으로 갔어요. 또 어느 날, 커다란 곰이 어슬렁어슬렁 길을 가다가 그만 그 돌을 밟았어요. 저런, 곰의 발바닥이 찢어지고 말았어요. 곰 발바닥에서는 피가 뚝뚝 흘렀어요. 곰은 다리를 절룩거리며 돌아갔어요.

이러한 일은 하루, 이틀 계속되었어요.
이러한 일은 한 달, 두 달 계속되었어요.
이러한 일은 일 년, 이 년 계속되었어요.
이러한 일은 백 년, 이백 년 계속되었어요.

그래서 동물마을 어른들은 아기동물들에게 귀에 못이 박히게 주의를 주었어요.

　"길에 있는 그 뾰족하게 튀어나온 돌을 조심하라"고 …

　어떤 착한 사슴이 있었어요.

　그 사슴은 동물들이 그 돌에 걸려 넘어져서 다치는 것이 너무 너무 마음 아팠어요. 그래서 사슴은 매일매일 그 돌이 있는 곳에 와서 살면서 지나가는 동물들에게 돌을 조심하라고 일러주었어요. 동물들은 고맙다고 인사하면서 지나갔지요.

　온 동물 마을에 착한 사슴 소문이 쫙 퍼졌어요.

　그래서 동물 마을 시장님이 착한 사슴에게 표창장을 주었어요.

　그리고 착한 사슴은 눈이 오나 비가 오나 그 돌 옆에 앉아서 지나가는 동물들이 돌에 걸려 넘어지지 않도록 주의를 주었지요.

　이렇게 오랜 세월이 지나 그 착한 사슴도 할아버지가 되었어요. 어쩌다 사슴 할아버지가 동물 마을에 내려오면 동물들은 모두 절을 하며 사슴 할아버지를 존경했어요.

　그러던 어느 날이었어요.

　먼 나라에서 한 나그네가 동물마을에 나타났어요.

　그 나그네는 남루한 옷차림에 매우 지친 표정이었지요.

　그 나그네도 그 숲 속 길을 걷게 되었어요.

　한참을 걷다가 돌 있는 곳에 다다랐어요.

　그러자 사슴 할아버지가 소리쳤어요.

　"돌을 조심하세요, 너무나 많은 동물들이 그 돌에 걸려 넘어져

다쳤답니다.”

나그네는 사슴 할아버지에게 물었어요.

“당신은 왜 여기에 앉아있지요?”

사슴이 대답했어요.

“그야 동물들이 돌에 걸려 넘어지지 않게 하기 위해서 이지요, 아주 옛날부터 수많은 동물들이 이 돌에 걸려 넘어져 다쳤답니다. 그 수는 헤아릴 수 없이 많았지요. 그런데 내가 이곳에 앉아 주의를 준 이후로는 어느 누구도 넘어져 다치지 않았답니다”하며 자랑스럽게 말했어요.

나그네는 잠시 생각에 잠기더니 그냥 지나쳐 갔습니다.

얼마 후 나그네는 다시 그 자리에 나타났어요. 손에는 쇠망치가 들려 있었지요. 나그네는 쇠망치로 돌을 쪼기 시작했어요.

“쿵, 쾅, 쿵, 쾅”

그 소리를 듣고 숲 속 나라 동물들이 모여들었습니다.

잠시 후 뾰족한 돌은 흔적도 없이 사라지고 말았습니다.

아주 오랫동안 동물들을 괴롭혀온 그 돌이 순식간에 사라진 것이었어요.

그런데 아주 이상한 일이 일어났어요.

기쁘고 즐거워해야 할 동물들이 그 나그네를 이상한 눈으로 바라보는 것이었어요.

특히 사슴 할아버지는 매우 분해하면서 소리쳤어요.

“저놈을 잡아라, 저놈이 우리의 신성한 돌을 깨뜨렸다 !”.

그 소리와 함께 동물들은 다같이 우르르 나그네에게 달려들어

마구 때렸어요.

나그네는 피투성이가 되어 쓰러졌어요.

동물들은 나그네를 마을 밖으로 내다 버렸지요.

나그네는 큰 슬픔에 잠겨서 그 마을을 떠났습니다.

나그네가 떠나고 난 후 사슴 할아버지는 동물들을 모아놓고 말했습니다.

"어서 빨리 전에 것보다 더 크고 뾰족한 돌을 구해다가 그곳에 다시 두어야 합니다. …"

동물들은 사슴 할아버지의 말대로 더 크고 더 뾰족한 돌을 가져다가 그곳에 두었습니다.

사슴 할아버지는 다시 그곳에 자리 잡고 앉아서 지나가는 동물들에게 "돌에 걸려 넘어지지 않게 조심하시오"하며 말했습니다.

그 할아버지의 손자, 그 손자의 또 손자, 그 손자의 손자의 손자가 오늘날에도 그 길에 앉아있습니다. 그리고 지나는 동물들에게 말합니다.

"돌에 걸려 넘어지지 않게 조심하시오."

– 기독교 성직자가 사슴 할아버지가 아니기를 바라면서 –

삽화

고난의 십자가는 주님만 지시고,
우리는 그저 그분의 대속 대가로
값없이 구원을 얻는다면,

너무도 뻔뻔하다.
우리가 마땅히 그분의 고난에 동참하고,
그분의 고난을 감싸 안을 수 있기를
바라면서 만들었다.

그리고 '그분의 십자가'를
'우리의 십자가'로 하고자
이렇게 이름하였다.

내가 한국교회의 침체를 걱정할까? 세계평화를 고민할까?, 내가 남북통일을 고민할까?, 환경오염을 고민할까?, 세상이 점점 더 타락해 간다는 케케묵은 고민을 할까? 그도 아니면 죄와 율법 가운데 고통받고 있는 불쌍한 중생들을 고민할까? 인간들의 꿈은 거대할수록 망상이고 걱정도 거대할수록 허구다.

민주주의는 귀족들과 부르주아지들이 왕에게 권력을 나누어 달라고 하는 것, 민초들은 그런 것 모른다.

민주화투쟁은 언제나 권력을 얻고자 하는 이들이 했다.

민초들은 언제나 생존투쟁을 한다.

권력을 나누어 달라는 민주화 투쟁과 살겠다는 생존투쟁은 많이 다르다.

매일 매일 생존투쟁에 허덕이는 이들에게 소위 자유, 민주, 평화, 환경 등의 용어들은 사치다. 일자리를 구해야 하고 빚 독촉에 시달리며 소득의 상당 부분을 월세로 내야 하는 이들에게는 남의 일처럼 느껴질 수밖에 없다.

홀로 아이를 양육하며 힘겹게 살아가는 여인에게서 나는 민중을 본다. 아마 예수께서도 그랬던 것 같다. 예수께서는 십자가를 지고 가시며 말씀하셨다.

"예루살렘의 여인들아, 나를 위하여 울지 말고 너와 네 자녀들을 위하여 울어라. ..."눅23장

자연에는 무수한 경계가 있다. 산과 강과 바다가 경계다. 작은 개울물도 경계가 될 수 있다. 산 이쪽과 저쪽이, 강 이쪽과 저쪽이 풍습이 다르고 많은 경우 언어도 다르다. 그러나 산이 아무리 높고 험해도 인간들은 거기에 길을 냈다. 터널도 뚫었다. 강이 아무리 깊고 넓어도 인간들은 거기에 다리를 놓아 뭍처럼 오고 간다.

사람들은 이렇게 자연의 경계를 허물었지만, 전혀 자연스럽지 않은 경계도 만들었다. 직선으로 만든 국경들, 내 땅 네 땅 구별하는 거미줄 같이 촘촘한 지적도의 선들, 그리고 처참한 전쟁으로 만든 군사분계선.

산을 뚫어 길을 내고 강을 가로질러 다리도 놓는데 멀쩡한 산하에 금을 긋고 철망을 치고, 지뢰를 매설했으니 인간은 물론이고 산천초목이 신음한다.

한반도의 평화와 통일의 염원을 이 십자가에 담아
〈한반도 십자가〉라 이름하였다.

기독교는 2천 년 동안 인류 속에 성장해온 세계적 종교다.

그러기에 종교적이고 신학적인 문제들뿐 만이 아니라, 인간 세상의 모든 문제들을 끌어안아야 하고 또 응답해야 한다.

세상은 다양하다.

다양한 만큼 갈등도 많다. 그 많은 다양성들이 서로를 용납하고 존중하고 배려할 때 세상은 평화롭다.

앞면은 다양한 각자의 모습들을 담았다.

뒷면은 세상이 평화하기를 원하시고 또 그렇게 하시고자 십자가를 지신 예수님의 모습을 담았다.

자유가 강조되면 평등은 깨진다.
평등을 강조하면 자유는 억압된다.
자유와 평등이 조화로워야 평화로운 세상이다.

정의롭지 못한 질서는 강자들에 의해서 힘으로 유지되는, '로마의 평화', '미국의 평화', 거짓 평화다.

정의는 거짓 평화로서의 질서를 깬다.
예수께서는 "나는 평화를 주러 온 것이 아니라 검을 주러 왔다"고 하셨다. 정의로운 질서로서의 평화를 이루시겠다는 것이다.

세상의 불의를 심판하고 정의를 세우는 정의의 검, 좌우에 날선 양날 검의 형상을 십자가에 담았다.

우리들의 편견과 차별에 상처받았을 장애우들에게 미안함을 담아 만들었다. 그런데 가까운 후배 목사가 이 십자가를 슬픔의 눈으로 바라본다. 그리고 하는 말이

"대상을 장애우에 국한 시키지 마세요. 세상에 상처 없는 사람 은 없어요."

문득 그의 말에서 그의 말 못할 상처를 본다.

그렇다. 장애우들은 보이는 상처를 가진 이들이라면 그와 나는 보이지 않는 상처를 가진 사람.

아! 세상 모든 사람들이 상처 입은 이들이다. 성경에 등장하는 무수한 이들이 그러하고 주변을 살아가는 모든 이들이 그러하다.

나도 그러하다.

세상의 모든 상처 난 이들에게 위로의 맘을 담아 이 십자가를 만들었다.

박경리의 『토지』,
글 중에 일본 시인 이시가와의 시 한 구절.

"일하여도 일하여도
나의 생활
넉넉해지지 않네,
가만히 손을 본다."

…

한국현대사의 세 바보를 들라면 바보회를 만든 전태일, 자칭 바보새 함석헌, 타칭 바보 노무현이다. 세 사람은 전혀 다른 인생을 살았지만, 공통점이 있으니 자칭, 타칭 바보들이다.

전태일! 1968년 자신들이 너무 바보같이 자본가들에게 착취당해 왔다고 스스로를 비하하며 만든 바보회, 그들은 정말 바보였다. 그리고 스스로들이 바보임을 알고 이제는 바보같이 살지 않겠다고 정말 바보가 되어 제 몸을 불살랐다. 그런데 그 바보의 불똥이 사방으로 튀었다. 그래서 수많은 사람들을 바보로 만들었다. 바보 노동자들, 바보 대학생들, 바보 종교인들, 바보 교수들, 바보 변호사들, 바보 전태일의 뒤를 따라 수많은 이들이 뒤를 이어 바보가 되었다. 더 이상은 바보처럼 살지 않겠다고 바보들이 바보임을 거부하는 바보짓들을 거침없이 해댔다. 그리고 그 바보짓을 조금도 부끄러워하지 않았다.

함석헌! "信天翁^{신천옹}" "바보 새" 먼저 신천옹이라는 새 이름이 참으로 특이하다. "하늘을 믿는 늙은이" "翁^옹"은 "날개달린 사람" 즉 신선의 모습이다. "하늘을 믿는 늙은 신선" 함석헌은 스스로를 그렇게 표현했다. 그런데 그 신천옹이 바보 새이다. 큰 바보 새가 하늘을 날 때는 그 모습이 장엄하여 감탄이 절로 난다. 그러나 땅에 내려앉으면 제 몸뚱이를 감당하지 못하여 제대로 서지도 못한다. 그 모습이 참으로 바보 같다. 그래서 바보 새인가 보다. 하늘을 높이 나는 바보 새라야 세상을 바로 볼 수 있는가 보다. 바보의 직관으로라야 세상을 바로 보는가 보다. 똑똑한 놈들은 못 본다. 바보라야 본다.

노무현! 2003년에 대통령으로 취임하였다. 노무현 대통령을 좋아하는 이들이 그에게 "바보"라는 별명을 붙여 주었다. 그 "바보"라는 별명이 어찌 보면 매우 극찬하는 별명이다. 그래도 그 별명이 좀 어울리는 구석이 있다. 대통령이 가만히 있어도 권위가 서는데 스스로가 권위를 싫어하니 바보다. 체신 머리 없이 안 해도 될 말들을 거침없이 해서 바보다.

톨스토이의 단편소설 가운데 『바보 이반』이 있다. 그 바보 이반이 왕이 되었다. 너무 정직해서 바보이고 너무 성실해서 바보이며 너무 잘 베풀어서 바보다. 두려움이 없어서 바보다. 도무지 욕심이 없어서 바보다. 무엇보다도 그 안에 거짓이 없어서 바보다.

이 십자가를 "바보 십자가"라 이름하였다. 움푹 페인 모습에 이리저리 채이고 빼앗긴 모습을 담았다. 그럼에도 불구하고 조금도 흐트러지지 않고 당당한 모습을 유지하고 있다. 그러고 보니 예수야말로 바보 중의 바보가 아닌가 생각해 본다.

세월호 참사도 하나님의 사랑인가? 세월호 참사를 두고, "사랑하는 이에게 주시는 환란"이라고 말한다면 너무 잔인한 말이다. 그 아픔에 몸부림치는 유족들과 그 터무니없는 사건에 분노를 삭이지 못하는 이들에게 그 말은 너무 야속한 말이다.

그러나 어찌하겠는가? 그것이 단순히 사고가 아닌 국가권력의 방조에 의하여 저질러진 역사속의 비극이니 해석해야 한다. 역사를 주관하시는 하나님의 뜻을 염두에 둔다면 더욱이 해석해야 한다.

잊으라 한다. 잊어야 한다. 그러나 이대로 잊으라면 미치는 수밖에 없는데 어찌 잊을 수 있겠는가. 복수하겠다면 제 가슴을 찌르는 수 밖에 없는데 어떻게 복수할 수 있겠는가?

세월호에서 죽어간 생명들은 무슨 역할을 하고 갔을까?
무엇을 남겨놓고 갔는가?
홍수는 흙을 뒤집어 옥토를 만들고
태풍은 바닷물을 뒤집어
바다에 새기운을 불어 넣는다고 하는데
전쟁은 민족을 뒤집어 놓고 혁명은
사회를 뒤집어 놓는다고 하는데

세월호 사건은 무엇을 남겼으며
무엇을 뒤집었는가?

아! 역사적으로 수많은 아픔을 겪은 이 백성이다. 그런데 그 아
픔을 그저 숙명으로만 알았다. 그저 당하는 이의 운명으로만 알
았다. 나만 괜찮으면 다행으로 알고 이웃의 아픔을 외면했다. 그
래서 그 아픔은 반복되고 계속되었다. 세월호는 이런 바보 같은
백성에게 하늘이 주는 가르침이다. 물질 나눔만 생각하는 우리에
게 …

"아픔을 나누라"는 것,
"내 이웃의 아픔을 나누고
내 민족의 아픔을 나누고
온 인류의 아픔을 나누라"는 것.

나는 감히 세월호 유족들 앞에 서지 못했다. 아픔을 나누기는
커녕 눈도 마주치지 못했다. 깊이를 알 수 없는 슬픔, 그것을 안
고 있는 그분들을 대한다는 것이 두려웠다.

어설픈 위로의 말이 오히려 상처에 상처를 더할 수 있다는 것
이 두려웠다. 그래서 그저 멀리에서 바라만 보았다.

미안하기도 하고 두렵기도 한 내 맘을 이 십자가에 담았다.

관계

지독히도 아랫사람을 무시하고 못살게 구는 직장 상사가 있었다. 어느 날, 거리에서 그에게 가장 무시당하고 가장 구박당하는 부하직원을 만났다. 그때 그 부하직원은 그의 아내와 자녀들과 함께 있었다. 아내는 교양이 있어 보였고 자녀들은 반듯하게 자란 듯 했다. 남편을 대하는 아내는 사랑스러웠고 아버지를 대하는 자녀들의 얼굴에는 아버지에 대한 사랑과 존경의 표정이 묻어났다. 그 모습을 본 직장 상사는 흠칫 놀랐다. 그가 너무 커 보였기 때문이다.

남자들, 때로는 참 볼품없다. 찌질하고, 초라하고, 푼수 같고 때로는 한없이 졸렬하고 비열하기까지 한 남자들이다. 그런데 그에게 그를 바라보고 그에게 의지하는 처자식이 있음을 생각하면 그가 참 커 보인다. 무시할 수 없고 무시해서도 안 되는 사람이 된다. 식솔이 있다는 것은 큰 힘과 권위다.

사랑하는 처자식이 있기에, 지극히 못났음에도 불구하고, 때로는 지극히 멸시와 천대를 당해도, 때로는 소신을 버리고 변절도

하며 비굴한 웃음을 흘려도, 아주 작은 이익에 연연해도 그는 한없이 큰 사람이다. 자신의 영달을 위해서가 아니라 사랑하는 가족을 부양하기 위한 찌질함이고 비굴함이기 때문이다.

인생의 짐이 너무 무겁다고?
제가 진 십자가가 너무 크다고?
그것이 삶의 이유가 되고 당신이 존중받을 이유가 된다.

사람의 무게는 그가 짊어진 짐, 그가 짊어진 십자가의 무게에 비례한다. 한없이 크고 무거운 인생의 짐을 짊어지고 힘겨운 삶을 살아가는 사람을 보면 고개가 절로 숙여지는 이유가 그것이다.

사회적으로는 초라하고 비굴해도 사랑하는 가족을 위해서는 한없이 큰 십자가를 기꺼이 지는 아버지의 모습을 십자가에 담았다. 이 십자가는 조심해서 다루어야 한다. 힘에 겨운 아빠가 크게 다칠 수 있기 때문이다.

오래전, 어머니께 엉뚱한 질문을 했다.

"어머니 내가 중이라면,
그래도 예수 믿고 교회 다니시겠어요?"

어머니는 조금도 망설임 없이 즉각 대답하셨다.

"그러면 절에 다니지 ⋯."

순간, 나는 그 질문을 후회했다.

그리고 온갖 신학적 해석과 신앙고백들이
무효가 되는 것 같았다.
아! 나의 어머니~.

　문득 "어린 왕자가 왜 자기 별을 떠났을까?"하는 의문이 들었
다. 아주 예쁜 꽃이 찾아왔기 때문이다. 어린 왕자는 그 꽃을 사
랑했고 꽃도 어린왕자를 사랑했다. 그런데 어린 왕자는 꽃을 떠
나야 했고 꽃은 어린왕자를 잡지 않았다.

　아주 오래 전, 청년의 때에 나의 마음을 끄는 여인이 있었다.
그도 내게 호감을 가지고 있음을 나는 느낄 수 있었지만 나는 그
에게 접근하지 않았다. 말 한마디도 건네지 않았다. 그저 몇 번
바라만 보다가 기억 속에서 지워 버렸다. 두려웠다. 그로 인하여
내 인생이 크게 뒤틀릴 것 같았다.

　또 한 여인이 있었다. 그녀는 나를 몹시 좋아했다. 그러나 뜨
거운 사랑의 열정은 언젠가는 식기 마련, 실망할 것이다. 후회할
것이다. 나를 원망할 것이다. 그래서 나는 그의 사랑을 받아주지
않았다. 내가 그랬던 것처럼 어린왕자가 꽃을 떠난 이유가 그것
이었을 것이라고 생각했다.

　어린왕자는 꽃이 얼마 되지 않아서 사라질 것이라는 말을 듣는
다. 그 말을 듣고 그 꽃을 혼자 두고 떠나온 것을 후회한다. 그러
나 돌아가지는 않는다. 오히려 마음을 단단히 먹고 새로운 별 지

구를 찾아 떠났다. 자신이 남기고 온 꽃을 그리워하면서 ….

　지구에 온 어린왕자는 어느 정원에서 5천 송이나 되는 장미꽃
을 발견했다. 자기별에 있는 그 꽃과 똑같은 꽃이었다. 어린왕자
는 크게 실망해서 소리 내어 울었다. 자기별에 있는 그 꽃이 이
세상에 단 하나밖에 없는 아주 소중한 꽃 인줄 알았는데 알고 보
니 아주 흔한 장미 한 송이에 불과했기 때문이다.

　어린 왕자는 여우를 만났다. 외로운 왕자는 여우와 친해지고
싶었다. 그리고 여우로부터 "길들여진다는 것"에 대해서 배웠다.
수많은 어린아이 중에 하나인 어린왕자, 역시 수많은 여우 중에
서 하나인 여우.

　그런데 서로가 서로에게 길들여진다면 서로에게는 단 하나밖에
없는 존재가 된다는 것을 배웠다. 그리고 길들여지기 위해서는
인내가 필요하다는 것도 배웠다. 어린왕자는 결국 – 독사의 도움
으로 – 그 꽃에게 돌아갔다.

　누군가를 사랑하고 누군가로부터 사랑을 받는다는 것은 지극
히 자연스러운 일, 그러나 그것은 서로가 서로에게 스스로가 속
박당하는 것, 사랑이 크면 클수록 부담도 크다. 그 부담과 속박
을 감당할 없을 때 사랑은 이루어지지 않는다.

그리고 그 사랑이 현실이 되면 도무지 끊을 수 없는 소중한 관계가 된다. 나는 수십억 인구 중에 한사람, 그러나 내가 사랑하고 나를 사랑하는 이들에게 나는 아주 특별하고 소중한 사람이다. 모든 사람이 그러하다. 모든 생명이 다 그러하다. 그래서 하나의 생명은 온 천하보다 귀하다.

작은 십자가 안에 수정을 박았다. 예쁘고 아름다운 수정이 아니라 다듬지 않아 거친 자연석 수정이다. 마치 암 덩이처럼 십자가 안에 박혀있는 수정, 그러나 십자가에게 이 수정은 더없이 소중한 것임을 ....

너와 나의 사랑이다.

그 너가 그리스도이고

남편이고

아내이고

형제이며

벗이다.

그리고 곧게 서있는 십자가가

나일 수도 있고 너일 수도 있다.

형이 결혼할 때, 어머니는 형수께 다이아몬드 반지를 해 주셨다. 동생이 결혼할 때도 어머니는 제수씨에게 다이아몬드 반지를 해 주셨다. 내가 결혼할 때, 어머니는 내 아내에게는 다이아몬드 반지를 해 주시지 않으셨다.

"다이아몬드, 그거 쓸데없다"하셨다.

아마도 목회자의 아내에게 다이아몬드 반지는 어울리지 않는다는 의미였던 것 같다.
세월이 한참 흐른 후, 아버지가 돌아가시고, 어머니는 아버지의 다이아몬드 반지를 내 아내에게 주셨다.

"다이아몬드 반지 해주지 않은 것이 늘 마음에 걸렸다"고 하시면서 ….

그 다이아몬드 반지가 지금 내 손가락에 있다.
다이아몬드 반지를 십자가에 담았다.
이 다이아몬드에는 화려함이 아니라 어머니의 미안함과 연민이 담겨있다.

그래서 〈연민의 십자가〉라 이름하였다.

십자가를 만들기 시작하면서

여러 번의 시행착오를 거쳐서

이 십자가를 만들었다.

내 첫사랑 십자가다.

이 십자가를 많이 만들어

주변 사람들에게 선물했다.

특별한 의미를 부여하지는 않았다.

그냥 소박한 십자가다.

"자유"라는 말은 함부로 할 것이 아니다. 부부 중 누가 "자유하고 싶다"고 하면 이혼하자는 얘기다. 자녀가 자유하고 싶다 하면 가출하고 싶다는 것이다. 부하직원이 자유하고 싶다 하면 직장을 그만두겠다는 것이다. "너는 자유다"는 선언은 이제 내가 너를 책임지지 않겠다는 이야기이고 너는 나와 관계가 없다는 것과 같다.

가장 사랑하는 이가 나를 속박한다. 부모·형제가, 처자식이, 사랑하는 이웃이 한없이 나를 속박한다. 천지를 창조하신 하나님도 자유 할 수 없다. 그분이 천지를 창조하신 이후로 피조물에게 속박당하고 계시다. 사랑하기 때문이다. 사랑이 속박이다.

자유 하고자 하는 이들이 불교 승려들인데 부모도 버리고 처자식도 버리고 일체 무소유로 살겠다는 이들이다. 불교 승려들 중에 정말 그럴 수 있는 이들이 얼마나 될까? 그러한 이는 없다. 혹 있다면 참으로 모진 사람이다.

자유하려면 버려야 한다. 권력으로부터 자유하려면 권력을 버려야 한다. 돈으로부터 자유하려면 무소유 해야 한다. 죽음으로부터 자유하려면 죽어야 한다. 참 황당하게도 나는 이러한 식의 자유를 거지와 노숙자에게서 본다. 자유의 대가가 그것이다.

어떤 이가 나에게 말한다. "당신은 참 자유로운 사람이다" 그러나 나는 그 말에 동의하지 않는다. 천지를 창조하신 이후 하나님도 자유하지 못하신데 어떻게 감히 내가 자유 할 수 있겠는가? 세상에 자유인은 없다. 아무도 없다. 그리고 나는 진작 자유를 포기했다.

모든 인연을 훌훌 털고 자유 해야 하는가? 아니다. 오히려 연약한 인연의 끈이 끊어지지 않도록 조심하고 또 조심해야 한다. 그 인연이라는 것이 사랑이다. 사랑이라는 인연, 그것이 때로는 지독히도 질기고 강하지만 때로는 너무도 약해서 자칫 방심하면 금방 끊어지고 만다. 소중히 여기고 조심해서 다루어야 한다.

나를 묶고 있는 가늘고 약한 인연의 끈, 그 끈이 속박의 끈이기도 하지만 한편 너무도 소중한 사랑의 끈이다. 그것을 십자가에 담고 〈소중한 십자가〉라 이름했다.

신학

예수님을 십자가로 표현했다.

하나님을 원으로 표현했다.

성령님을 바람으로 표현했다.

무궁화 나무를 가운데 넣어 만들어

사론의 십자가라 이름했다.

아가서 2장의 '사론의 수선화',

영어로는 '사론의 장미'Rose of Sharon가 무궁화다.

찬송가 89장은 이 꽃을 예수님으로 비유했다.

또한, 무궁화는 우리나라에서는 매우 특별한 나무다.

'민족의 십자가'로 할까도 생각해 보았지만,

'민족'이라는 말의 편협성과 위험성을 알기에

'사론의 십자가'로 이름하였다.

포이어바흐는 말했다.

"신이 인간을 창조한 것이 아니라 인간이 신을 창조했다."

포이어바흐의 말에 일정부분 동의하는 바가 없지 않다. 그러나 인간이 창조한 것은 신이 아니라 우상이다.

인간이 창조하고 섬기는 것은 모두가 우상이다. 우상이란 꼭 눈에 보이는 것만이 아니다. 이데올로기가 우상이고, 권력이 우상이고 돈이 우상이다. 관습과 전통도 우상일 수 있다. 무엇이든 인간이 만들고 귀히 여기는 것은 다 우상이다.

우상은 힘이 없다. 능동적이지도 않다. 그런데 그런 우상에 힘을 부여하고 능력을 부여 하면 악마가 된다. 힘을 갖게 된 우상, 그것이 악마다. 결국, 인간이 만든 신이라는 것은 악마다.

오늘날에도 인간은 끊임없이 우상을 창조한다.
무수한 우상들을 만들고 우상을 섬기고 우상에게 충성을 맹세한다.
우상을 지키겠다고 목숨을 걸고 전쟁을 한다.

우상에게 복을 빌고,

그러다가 끝내는 우상[스스로]에게 배신당하고,

"운명이다", "숙명이다" 한다.

우상[악마]을 만든 인간,

자신이 만든 우상[악마]을 섬기는 인간은 참으로 우매하다.

자신이 만든 우상[악마]이기에 자식 사랑하듯이 사랑하는가 보다.

인간이 우상[악마]을 어떻게 창조했을까?

그것은 참 쉬웠을 것이다.

인간 자신을 본따서 만들면 그만이다.

악마는 인간의 목숨을 요구한다.

예수께서는 "내가 너희를 위해서 목숨을 바친다"하셨는데 예수
를 가장한 악마는 그럴듯한 명분을 내세워 무지한 이들에게 목숨
을 요구한다. 나라와 민족을 위해서 목숨을 바치라 한다. 교회를
위해서 목숨을 바치라 한다. 조직을 위해서 목숨을 바치라 한다.

우매한 중생들은 "돈을 바쳐라"라는 말에는 "저건 가짜다"라고
현명한 척, 의로운 척 외면하지만 "목숨을 바쳐라"하면 "저것이
야 말로 진짜다"하면서 기꺼이 목숨을 바친다.

악마는 인간에게 풍요를 약속한다.

예수께서는 인간에게 "일용할 양식"을 약속하셨건만 악마는 인간들이 필요한 것보다 훨씬 더 많은 것을 약속한다. 그리고 그것보다 더 많은 탐욕을 불어넣어 끝없는 갈증을 준다. 악마 덕분에 인간은 엄청나게 생산하고 엄청나게 소비하고 엄청나게 쓰레기를 만들어 낸다. 그뿐인가 엄청나게 먹어대고 엄청나게 똥을 싼다. 악마의 축복은 결국 에리식톤의 저주가 되어 인간을 삼킬 것이다.

악마는 인간에게 쾌락을 약속한다.

그 쾌락은 남들을 짓밟는 쾌락이다. 남들보다 많이 갖는 쾌락이다. 남들의 존경과 복종을 받는 쾌락이다. 악마의 노예들은 그것이 행복인 줄 안다.

악마는 인간에게 친절하게도 "신의 영광"이 아닌 "인간의 영광"을 약속한다. 인간의 영광이란 무엇일까? 무수히 많은 바벨탑들이다. 그것을 쌓기 위해서 인간은 인간 주변을 초토화시킨다.

입으로는 "신의 영광"을 말하지만 실상은 자신의 영광을 드러내고자 하는 이들, 피라미드의 정점에 서서 마치 십자가인 양 하지만 그것은 십자가가 아니라 우상이 되고자 하는 자신의 모습이다.

마을에 홍수가 났다. 논밭이 모두 물에 잠기고 가축들이 물에 떠내려갔다. 그러던 와중에 사람 둘이 물에 떠내려간다. 한사람은 교회 집사이고 그 마을에서 사람 좋기로 소문난 사람이었다. 또 한 사람은 그 마을에서 가장 못된 사람으로 인정되는 사람이었다. 두 사람이 물에 떠내려가는 모습을 보면서 마을 사람들은 생각하기를 "하나님이 진정 살아 계시다면 분명 저 착한 교회 집사는 구해주실 것이고 저 악한 망나니는 이번 기회에 죽어 마땅할 것이다." 하였다. 그러나 결과는 반대였다. 착한 교회 집사는 떠내려가서 죽고 못된 망나니는 꾸역꾸역 살아 나왔다. 실망한 사람들은 교회를 떠나게 되고 결국 교회는 문을 닫게 되었다는 슬픈 이야기다.

"왜 악인이 잘되고 의인이 고난 받을까?"

이 질문에 대한 대답을 나름대로 다음의 동화로 엮었다. 그리고 십자가로 표현했다. 내 십자가뿐만 아니라 남의 십자가까지 대신 짊어진 〈대속의 십자가〉다. 아래 동화는 심각한 신학적인 문제를 동화로 풀었다. 동화가 신학보다 효과적이다.

〈다시 살아난 명필이〉

옛날, 어딘지 모르는 어느 산골마을에 작은 교회가 있었습니다. 그 교회는 목사님도 없고, 전도사님도 없는 교회였습니다. 그 마을에 교회가 서게 된 것은 더 옛날 어떤 전도자가 그 마을에 와서 집집마다 다니며 열심히 예수님의 가르침을 전파하여 서게 되었습니다. 그때 그 가르침이 해괴하다는 동네 어른들의 말씀에 마을 청년들이 그 나그네를 잡아다가 두들겨 패고 반쯤 병신을 만들어 마을에서 쫓아냈었답니다. 그 후 몇몇 사람들이 몰래 몰래 만나서 그 나그네가 주고 간 성경말씀을 읽고 기도하곤 하였지요. 그래서 교회가 시작이 되었습니다. 그런데 사람이 너무 적어서 그 교회는 목사님을 모시지 못하였고 가끔 읍내에 있는 교회의 목사님께서 오셔서 설교해 주시곤 하였습니다. 목사님께서 오실 때는 교인들이 마치 임금님이라도 오시는 양 정성을 다하여 준비를 하였습니다.

그 마을에는 명필이와 덕배가 살고 있었습니다. 두 사람은 둘도 없는 단짝친구였습니다. 성격도 비슷하고 외모도 비슷해서 모르는 사람이 보면 마치 형제간이나 쌍둥이처럼 생각할 정도였습니다. 그런데 두 사람에게는 큰 차이가 있었습니다. 명필이는 열심히 교회에 다녔고 덕배는 교회에 다니지 아니하였습니다. 아무리 명필이가 덕배 에게 교회에 가자고 해도 덕배는 그것에 대해서는 바윗덩이처럼 완고했습니다. 명필이가 교회에 열심히 다니면 다닐수록 덕배는 교회를 멀리했습니다. 그것은 시간이 갈수록 더욱 심해져서 덕배는 명필이가 교회에 가는 것을 방해하기까지 하였습니다. 명필이가 교회에서 예배하는 동안에 덕배는 밖에서 뻐꾸기 소리를 내면서 명필이를 불렀습니다. 그 소리는 덕배가 내는 소리라는 것을 명필이는 물론 동네사람들도 다 알았습니다. 명필이는 몇 번은 덕배의 부름에 못 이겨서 예배도중에 자리를 뜨기도 하였습니다.

그러던 어느 날이었습니다. 모처럼 읍내에서 목사님이 오셔서 예배를 드리고 있는데 그날따라 덕배의 뻐꾸기 소리는 더욱 크고 집요하게 울어댔습니다. 명필이는 덕배의 호출을 무시하고 목사님의 설교를 듣는데 몰두하고 있었습니다. 화가 난 덕배는 드디어 일을 저지르고 말았습니다. 명필이를 빨리 나오라고 던진 작은 돌멩이에 그만 예배당의 유리창이 박살이 나고 말았습니다.

그 후로 명필이와 덕배의 우정에는 금이 가기 시작했습니다. 사람들이 덕배를 보는 눈초리도 곱지 않았습니다. 교회에 다니지 않는 사람들도 모두들 덕배가 너무했다고 생각했습니다 심지어 어떤 이는 덕배가 귀신들렸다고 까지 하였습니다. 그 일이 있은 후로 덕배는 점점 더 이상하게 변하였습니다. 그 놀기 좋아하고 순박한 덕배가 점점 난폭해졌습니다. 술 마시는 횟수도 많아지고 술에 취하면 동네 어른도 몰라보는 망나니가 되었습니다. 주일날은 물론 평소에도 예배당 근처에서 어슬렁거리며 예배당을 드나드는 사람들에게 빈정거리곤 하였습니다. 처녀아이들은 무서워서 혼자서는 예배당에 출입하기가 어려울 정도였습니다. 덕배를 위하여 눈물로 기도하는 명필이의 기도를 하나님은 들으시는지 안 들으시는지 ….

어느덧 덕배는 옛날의 그 순박하던 얼굴은 사라지고 지금은 험

상긋은 얼굴로 변해 있었습니다. 명필이는 덕배의 악행을 속죄라도 하듯이 더욱더 열심히 교회에 다녔고 덕배가 저지르는 나쁜 일들에는 대신 사과하고 변상까지 하였습니다. 이렇게 여러 해가 흘렀습니다.

음력 6월 장마철이 되었습니다. 그해 장마는 참으로 지루하고 길었습니다. 어느 날 폭우가 쏟아지는 날이 있었습니다. 마침 주일날이 되었는데 개울물이 불어서 냇가를 가로지른 외나무다리 가까이 까지 물이 차올라 있어서 건너기에는 심히 두려움이 느껴질 정도였습니다. 그날도 덕배는 한 손에는 술병을 또 한 손에는 지개 막대기를 들고 물가에 앉아서 예배당으로 오는 사람들을 바라보며 욕설을 퍼붓고 돌을 던지곤 하였습니다.

그런데 "앗!" 하는 사이에 누가 먼저라 할 것도 없이 두 사람이 물에 빠져 떠내려가기 시작하였습니다. 다름 아닌 명필이와 덕배였습니다. 둘이는 허우적거리면서, 사람 살리라고 소리를 지르면서 가파른 계곡 물 속으로 빨려 들어갔습니다. 사람이 물에 빠져 떠내려간다는 소리에 온 동네 사람들이 몰려 나왔습니다. 그러나 누구하나 손 쓸 수도 없이 두 사람은 물에 쓸려갔습니다. 그때 온 동네 사람들은 교인이건 아니건 간에 간절히 기도했습니다. 그리고 확신을 했습니다. 착한 명필이는 하나님의 도우심으로 살아날 것이고 저 못된 덕배는 물에 빠져 죽고 말 것이라고 ….

그러나 이게 웬 일입니까. 결과는 정 반대로 일어나고 말았습니다. 명필이는 그냥 떠내려가 죽어버리고 덕배는 꾸역꾸역 살아서 올라온 것입니다. 온 마을 사람들의 충격은 이루 말할 수 없이 컸습니다. 살아나온 덕배는 그 후로는 더 의기양양해서 소리쳤습니다. "하나님이 어디 있어 하나님을 믿느니 차라리 내 주먹을 믿어라"라고 말입니다. 마을사람들은 물론 교인들도 그 말에는 아무런 대꾸를 할 수 없었습니다. 오히려 그 말이 일리가 있다고 생각했습니다. 명필이가 죽고 덕배가 살아 나온 것은 하나님이 없다는 명백한 증거가 되었기 때문입니다. 이후로는 덕배가 교회 근처에서 어슬렁거릴 필요가 없었습니다. 교인들이 하나 둘씩 교회를 떠나고 급기야는 아무도 교회에 다니는 사람이 없게 되었기 때문입니다. 결국 교회는 문을 닫고 폐허가 되어버렸습니다.

  10년의 세월이 흘렀습니다. 명필이의 죽음은 사람들 기억 속에서 점차로 멀어져 갔습니다. 폐허가 된 예배당은 철없는 아이들에게는 유령의 집으로 알려져 두려움의 대상이 되었습니다. 덕배도 더이상 못된 망나니가 아니었습니다. 더이상 싸울 교인들이 없었기 때문입니다. 덕배에게는 아무에게도 말할 수 없는 비밀이 있습니다. 10년 전 물에 빠져 죽어 가는 명필이에 대한 기억입니다. 덕배가 본 명필이의 모습은 마치 천사의 모습과 같았습니다. 덕배를 바라보는 그의 눈은 참으로 안타까워하고 불쌍해서 어쩔 줄 모르는 바로 그러한 눈이었습니다. 그런데 오히려 그 눈빛이 덕배의 자존심을 건드렸습니다. 그래서 그는 아무에게도 그 이야기만은 하지 않은 채 10년의 세월이 흐른 것입니다. 10년의 세월은 참으로 많은 것을 변화시켰습니다. 덕배의 마음에 명필이에 대한 그리움이 싹트기 시작한 것입니다. 사실 덕배는 명필이를 미워할 이유가 하나도 없었습니다. 다만 명필이가 자기보다 교회를 더 좋아하는 것이 싫었던 것입니다. 덕배는 교회를 싫어한 것도 아니었습니다. 명필이 말고 다른 사람이 강권하였더라면 그도 교회에 다녔을 것입니다. 그러나 명필이 외에는 모두들 지나가는 말로만 권했을 뿐 진심으로 그에게 교회에 다니라고 권한 사람이 없었습니다. 덕배는 누군가의 강한 권면을 기다리며 예배당 주변을 서성였습니다. 그런데 그것이 공교롭게도 유리창 사건으로 불거져서 그 지경이 된 것이었습니다.

덕배는 가끔 명필이에 대한 그리움이 억제할 수 없는 슬픔으로 다가와서 굵은 눈물을 한없이 흘리기도 하고 나무하러 깊은 산속에 들어가서는 통곡하며 울기도 하였습니다. 물에 빠져 쓸려가면서 바라보는 명필이의 그 연민의 눈이 그대로 덕배의 눈이 되어 폭포수 같은 눈물을 쏟아 내었습니다. 덕배는 명필이가 믿던 그 하나님에게 따져 물었습니다.

"하나님 왜 명필이를 죽이고 나를 살리셨습니까?
당신이 진짜 살아 계시다면 어찌 이런 일이 있을 수 있습니까?
마땅히 제가 죽고 명필이가 살았어야 되는 것 아닙니까?"

덕배는 그 물음에 대한 대답이 있을 때까지 집요하게 하나님께 따져 물었습니다. 그 답을 얻기 전에는 도무지 아무 것도 할 수 없었습니다.

어느 날, 덕배에게 운명의 날이 다가왔습니다. 바로 하나님의 음성을 들은 것입니다. 그것이 꿈인지 생시인지 모르겠습니다. 사람의 말소리인지 바람소리인지도 모르겠습니다. 어쨌든 그는 너무나도 분명하고 확실하게 하나님의 음성을 들었습니다.

"너는 아직도 그것을 모르느냐? 네 대신 명필이가 죽은거야."

그 말씀은 덕배와 명필이의 모든 수수께끼를 한꺼번에 풀어주었습니다. 아니 세상 모든 수수께끼가 다 풀리는 말씀이었습니다. 그 후로 덕배는 명필이가 그리우면 폐허가 된 예배당으로 갔습니다. 덕배가 예배당에 드나들면서 예배당은 점차로 제 모습을 갖추어 가기 시작 하습니다. 그리고는 어느 화창한 봄날 주일 아침, 예배당의 종소리가 울려 퍼졌습니다. 일터에서 일하던 마을 사람들은 모두 일손을 멈추고 예배당 쪽을 바라보았습니다. 그리고 하나 둘씩 일손을 놓고는 예배당으로 달려가기 시작하였습니다. 예전에 교회에 다녔던 사람들은 벅찬 감격에 숨 차는 줄도 모르고 달렸습니다. 교회에 다니지 아니하였던 사람들도 호기심에 교회당으로 서둘러 발걸음을 옮겼습니다. 예배당 앞에는 어느덧 마을 사람들이 다 모여들었습니다. 그리고는 눈물이 범벅되어 종 줄을 당기는 덕배의 모습을 한참을 넋을 놓고 바라보았습니다. 그때 누군가의 입에서 가느다란 신음소리가 흘러나왔습니다.

"저건 덕배가 아니야 명필이야.
명필이가 다시 살아서 돌아온 것이야 …."

예수는 유대인이 아니다.

공자는 중국인이 아니며

석가는 인도인이 아니다.

무함마드도 아랍인이 아니다.

그리고 예수를 믿는 나는 한국인이 아니다.

성인들에게는 조국이 없듯이

기독교인에게도 조국은 없다.

하늘나라가 조국이다.

예수께서 말씀하셨다.

"내 나라는 세상에 속한 나라가 아니다." 요18:36

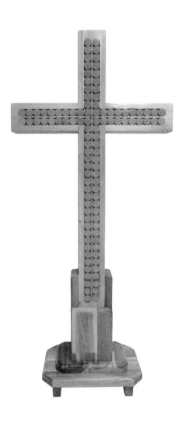

백 개의 눈으로 바라보시는 모습을 담았다.

그 백 개의 눈은 우리를 감시하고,

우리의 죄악을 찾아내는 눈이 아니다.

우리를 지켜주시기 위한 눈이요,

우리의 연약함을 연민으로 바라보시는 눈일 것이라 믿으며

'위로의 십자가'라 이름하였다.

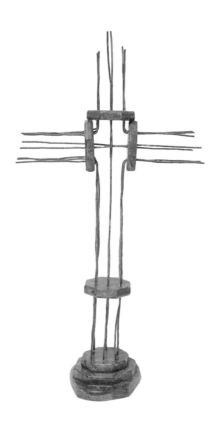

입을 닫고자 하여 닫을 수 있다면
그것이 어찌 예언이랴?
어쩔 수 없이 하기에 예언이고
하지 않으면 죽을 것 같기에 하는 것이 예언이다.
속에서 불이 되어 타오르니 어찌 말하지 않을 수 있으랴?

예언자가 하는 말,
그 말은 그의 말이 아니다.
그의 말이 아니기에 그가 책임질 수 없다.

그에게 책임을 묻지 마라.
그냥 미친 자 취급해라.
그것이 그의 운명이다.

아! 예언이라는 것,
성취 여부와는 관계가 없다.
비록 성취된다 하더라도
저 좋아서 한 말이라면 그것은 예언이 아니다.
비록 성취되지 않는다 하더라도
위로부터 받은 말이라면 그것이 예언이다.

때로는 꼭 다문 입이 예언이다.
때로는 한 없이 흐르는 눈물이 예언이다.
때로는 치솟는 분노가 예언이다.

남도 그의 예언을 믿지 않지만
그도 그의 예언을 믿고 싶지 않다.

예언은 항상 비참한 것,
예언은 항상 불행을 말하기 때문이지.
때로는 희망도 말한다고 하지만
그것은 부도난 수표 조각이요 부러진 칼이다.

예언자여!
그대는 저주받은 자,
자신의 태어남을 저주해라.
너를 낳아준 어미를 저주해라.
너의 아비와 너의 어미의 하룻밤을 저주해라.
너의 입에 말을 담아준 분을 원망해라.

예언이 이리도 처절한데,
입에 꿀을 바른 자들아
너희도 예언자임을 자처한다지?
그 꿀에 독을 발랐다지?

세상은 무심한 것, 무심하기에 예언도 필요 없다.
예언은 세상을 향한 것이 아니다.
예언은 예언자 자신을 향한 것,
자신을 향하였기에 독백이다.

…

예언자의 십자가를 어떻게 표현할까?
예언자는 세상을 태우는 불이다.
세상을 태우려면 먼저 자신이 타야 한다.
다 타고 뼈대만 남았다.

그래서 이렇게 표현했다.
더 좋은 표현을 찾지 못한 안타까움도 함께 담았다.

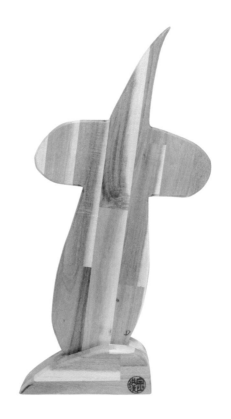

　사람들은 자신들이 벌이는 전쟁에 신을 끌어들인다. 추악한 전쟁을 신의 뜻으로 만들어 성전聖戰이라고 한다.

　사람들은 말하기를 "가장 추악하고 잔인한 전쟁이 종교전쟁이다"라고 한다. 그러나 종교전쟁은 없다. 사람들이 자신들의 욕망을 채우기 위한 전쟁에 신을 끌어들였을 뿐이다. 신을 끌어들여 전쟁의 명분을 만들고 신의 뜻이라 한다. 전사자들을 순교자라 칭송한다. 그리고 신에게 전쟁에서 승리하게 해 달라고 진심으로 빈다. 참으로 교활하면서도 참으로 우매하다.

　콘스탄티누스는 막센티우스와의 전쟁에 신을 끌어들였다. 그리고 하나님의 도우심으로 승리한 것으로 믿었다. 프랑스인들은 백년전쟁에 잔 다르크를 통해서 신을 끌어들였다. 가장 전형적인 종교전쟁이 독일에서 가톨릭과 개신교가 충돌한 30년 전쟁1618~1648년이라고 한다. 그러나 이 전쟁이 정말 신앙을 수호하기 위한 전쟁이었을까?

　당시 가톨릭국가였던 프랑스는 역시 가톨릭을 신봉하는 오스트리아의 합스부르크가를 견제하기 위하여 개신교편에 섰다. 전쟁이 종교를 구실로 한 세력다툼이라는 명백한 증거다. 이렇게 서양인들은 같은 기독교국가들 간의 전쟁에도 신을 끌어들였다.

이슬람교 국가와의 전쟁이라 할 십자군 전쟁에서는 더 말할 나위가 없다.

십자군의 가슴에는 커다란 십자가가 그려져 있었다. 우리나라 임진왜란 때, 고니시가 이끄는 기리시부대도 십자가를 새긴 군기를 앞세웠다.

전쟁터에서 사용된 십자가의 모습은 강하고 위압적으로 표현되었을 것이다. 아! 비극이다. 고난의 상징이요, "내가 죽자"는 상징이 십자가인데 이렇게 전쟁터에서 사용되다니 ….

전쟁터의 십자가를 어떻게 표현할까? 크고 우람하게 표현할까? 피 묻은 십자가로 표현할까? 전쟁터의 십자가야 말로 울고 있는 십자가다.

〈슬픔의 십자가〉다.

영원한 생명을 얻기 위하여 진시황은 불노, 불사약을 먹으려하였고 이집트인들은 영원히 살겠다고 미라를 만들었다. 그리스 신화속의 시시포스는 저승사자를 속이고 카론의 뱃사공을 속여서 그의 수명을 연장하였으나 죽음으로부터 영원히 도망할 수는 없었다. 그 죗값으로 그는 큰 바위를 정상으로 거듭거듭 올려야 하는 형벌을 받았다.

뛰어난 의사 아스클레피오스, 그는 탁월한 의술로 병자의 병을 치료하는 것은 물론 죽은 자를 살려냈다. 그것은 생과 사의 경계를 허무는 커다란 죄다. 결국, 그 죗값으로 그는 벼락에 맞아 죽었다.

사람은 유명해지고자 하고, 역사에 길이 이름을 남기고자 한다. 어떤 이들은 커다란 바위에 자기의 이름을 새기기도 한다. 그것은 삶의 유한성에 대한 두려움 때문이다. 흔적만이라도 남기고자 하는 욕망이다.

불교는 영원히 윤회하자는 것이 아니다. 윤회에서 벗어나자는 것이 불교다. 생로병사가 거듭되는 윤회라는 것은 한없는 고통이니 거기에서 벗어나는 것이 해탈이다. 그런데 어리석은 불자들은 해탈에는 관심 없고 윤회에 위로를 받는다. 자신이 소멸되지 않고 계속된다는 것에 위로를 얻는 것이다.

기원전 28세기경 우루크의 왕 길가메시가 있었다. 그는 온갖 어려움을 겪은 후에 삶과 죽음의 비밀을 깨달았다. 길가메시는 말했다.

"신들이 인간을 창조했을 때, 그들은 인간의 몫으로 죽음을 주었으며, 생명은 자신들이 가졌다."

피할 수 없는 죽음, 그것이 길가메시의 결론이다. 그러나 나는 생각을 좀 달리한다. 비록 길지 않은 삶을 살았지만 나도 나름대로 삶과 죽음에 대해서 생각한 바가 있다.

신은 지혜로운데, 그리고 선한데, 마땅히 지혜로워야 하고 마땅히 선해야 하는 신이 자신은 좋은 것을 차지하고 인간에게는 나쁜 것을 주었을 리 없다. 그러면 이래야 할 것이다.

"신들은 자신들이 창조한 인간을 지극히 사랑하셔서 인간의 몫으로 죽음을 주었으며, 영원한 저주인 영생은 자신들이 가졌다."

육체의 몸으로 영원히 산다는 것은 저주다. 영혼이 영원히 사는 것도 저주이기는 마찬가지다. 영혼불멸은 영원한 형벌이다.

구약성서에는 영원, 영생을 말하지 않았다. 그런데 신약성서에서는 영생이 중요한 주제다. 그리스 사상의 영향 때문이다. 영생, 영혼 불멸과 같은 주제들은 그리스적 사고다.

구약성서 기자들이 영생을 말하지 않은 것은 그분들이 생각이 짧아서 그럴까? 사람이라면 누구나, 비록 어린아이라도 생각하는 것이 삶과 죽음이요, 영생인데 구약성서를 기록한 현인들이 그 생각을 하지 않았을 수는 없다. 그분들은 영원, 영생의 개념들이 헛되고 헛된 것임을 알았기 때문일 것이다. 매우 중요하되 해답 없이 끝없이 이어지는 공허한 물음이기에 그만두었을 것이다. 중국의 공자, 노자, 맹자도 영생, 영혼 불멸 등에 대해서는 말한 바가 없는데 아마 같은 이유에서일 것이다.

그러면 영원한 생명이라는 것이 무엇인가? 시간적으로 영원히 사는 것이 영원한 생명인가? 천국이 또한 그러한 곳인가?

리처드 바크의 작품 〈갈매기의 꿈〉은 매우 심오한 종교서적 이다. 거기에 나오는 말이다.

"천국은 장소가 아니다. 그건 시간도 아니다. 천국은 완전하게 되는 것을 말한다."

너희는 또 일곱 해를 일곱 번 해서, 안식년을 일곱 번 세어라. 이렇게 안식년을 일곱 번 맞아 사십 구 년이 지나서 일곱째 달이 되거든 그 달 십일에 나팔소리를 크게 울려라. 죄벗는 이 날 너희는 나팔을 불어 온 땅에 울려 퍼지게 하여라. 오십 년이 되는 이 해를 너희는 거룩한 해로 정하고 너희 땅에 사는 모든 사람에게 해방을 선포하여라. 레25:8-10

희년에 대한 기록은 레위기에만 나온다. 희년법은 성서의 이상이 가장 잘 표현된 것 중의 하나이다. 희년법은 인간의 해방이요 토지의 해방이다.

희년법은 그것이 실제로 실행될 수 있도록 매우 구체적이고 현실적으로 기록되어 있다. 희년을 계산하여 토지나 주택의 매매가를 산정하고 노비의 몸값도 산정하도록 되어 있다.

희년법은 막연히 평등만을 추구하는 것도 아니다. 인간의 노력과 욕망도 감안하여 도시에서의 주택매매 등에 대해서는 희년법을 적용하지 않는다. 그런 연유로 현대사회에 희년법을 적용한다고 하더라도 가능하리라고 생각한다. 그러나 안타깝게도 유대사회에서조차도 희년법은 실행되지 못했다.

1995년을 한국기독교교회협의회는 평화통일 희년의 해로 선포하였었다. 해방된 지 50년, 분단된 지 50년 되는 해였다. 그 해를 평화와 통일이 이룩되는 간절한 소망의 해로 그렇게 선포한 것이다.

그러나 역시 평화통일희년의 해는 성취되지 않았다. 평화통일 희년의 해는 장차 그렇게 되리라는 미래를 예측한 것이 아니라 그렇게 되기를 간절히 소망하는 소망의 표현이었다.

이사야 선지자가 예언한 "사자와 어린양이 함께 뛰노는 세상"은 결코 이루어지지 않았다. 에스겔 선지자가 예언한 "남유다와 북이스라엘이 통일되는 세상"도 결국 희망으로만 끝나고 말았다. 성경의 많은 예언들은 그렇게 되리라는 미래를 예언한 것이 아니라 마땅히 그렇게 되어야 한다는 강렬한 희망을 말씀하신다고 보아야 한다. 희년도 마찬가지다. 그렇게 된다가 아니라 마땅히 그렇게 되어야 한다는 강렬한 희망이다.

역사 속에서는 일부 종교집단들이 공동체 생활을 하면서 이상적인 사회를 실현코자 했었다. 우리나라에서도 그런 종교집단들이 있었다. 물론 대부분이 실패로 끝나고 말았다. 기성교회들은 그들의 시도 자체를 이단이라고 비난했다. 그러나 그것이 비난할 일인가? 그것을 격려하고 칭찬하지는 못할망정 비난하다니….

성서에는 희년의 꿈, 사자와 어린양이 함께 뛰노는 꿈, 남 유다와 북이스라엘이 통일되는 꿈을 이야기 한다. 하지만 오늘날 교회들은 마땅히 이 세상에 이루고자 할 하나님 나라를 포기하고 내세로서의 천국만 꿈꾼다. 그것이 안타깝다.

십자가에 희년의 꿈을 담았다. 가로세로 7년, 모두를 합하면 50년을 원으로 표현했다.